SARAH KIRSCH

DRACHENSTEIGEN

Langewiesche-Brandt

ALLERLEIRAUH

Post

Irgendwo auf der Welt steht mein Baum, denn ich weiß, daß jedem Menschen ein Baum zusteht. Ebenso eine Grasart und ein bestimmter Vogel. So kann mein Vogel schon Körner fressen, auf einen Baum sich niederlassen, ein Ereignis erkennen. Das Ereignis meines Vogels sollte in diesem naßkalten Februar ein erfreuliches sein, kein Riesenregen, eher die Ankunft eines Postwagens mit Briefen von Dick und Doof, Schilderungen von Leben auf dem Land, die Grenzbehörden kleben das Abziehbild einer geschützten Vogel- oder Menschenart auf den Wagen und winken «Rot Front», die ausgestreckten Daumen zeigen die Weltrichtung an.

Feuer

Taubnessel Trespe und Melde. Ich geh
Staubgepudert im Feld
Fischreiher um den Kopf.
Bauern, gerötete Augen vom Drusch.

Die Kinder schießen mit Stöcken.
Alle Teiche ausgetrunken.
Zwei Sonnen in einem Jahr.

Irrsinnige Nachtigallen, spät.
Und ein schönes Feuerrad auf dem Feld
Rollte dem Wald zu.

De Fleur Rouge

Der Ritter De Fleur Rouge
Mit seinem Schild, unserer Bratenplatte
Marschiert durch die Küche.
Wie er seine Fahne schwenkt
Mit den roten Blumen.
Ähnlich unseren alten Gardinen.

Ach De Fleur Rouge sitzt
Auf dem hohen Roß
Nicht auf dem kleinen.
Gereckter Hals
Und springende Füße.

O der Ritter De Fleur Rouge!
Mit den hellen Haaren
Bunten Augen. Vergessenem Schwert.

Nebel

Nachdem der Sommer mir leicht war, ich im Oktober mit der Semmering-Bahn von W. nach G. fuhr, ein Farbfilm mit Tunnel-Schnitten, gehe ich im November ertrunken umher. Wollte ich einkaufen in der Halle, fielen mir Tränen herab vor allen verlassenen Dingen, den ausgestopften Kassiererinnen. Mein Kind, das zu der Zeit nur aus der Schule kommt, um mit dem Gewehr auf dem Rücken in den Nebel zu laufen, hat nicht viel Freude mit mir. Nachts führe ich Telefongespräche und eile in der Stadt umher. Das ist ungefährlich, vor den wichtigen Gebäuden treten höchstens Posten aus dem Nebel und wieder hinein. Es fällt wie Milch herab, ich sehe mattes Licht von Fenstern, die weit hinter den Wohngebilden liegen.

V.

Oder die Fahnen am Markusplatz ; Masten wie Schornsteine.
Ich war Komparse in einem fortlaufenden Film, dessen Handlung mir niemand erklärte ;
Es zogen, die ich im Lauf meines Lebens sah, am Café Florian vorbei und die Kapelle spielte dreimal die ganze Fair Lady.
Mein Kind, das als Geisel in Berlin-Mitte geblieben war, ging in seiner grünen verblichenen Hose über den Platz und fütterte Tauben;
Die Körner waren teurer geworden, aber wir hatten einen Scheck in der Tasche und kauften den schrecklichsten Kronleuchter von Venedig.

Verschwendung

Ich bin übern Platz in Venedig gegangen
Erlöst, bis mir einfiel
Daß es hier Steine gibt, auf denen
Im Winter dein Fuß stand.
Ich habe die Bäume am Meer gesehen
Räudig, und den kümmerlichen Park.
Nachts bin ich in den Kanal gefahren
Und hab deine Lire ins Wasser gestreut.

Krähenbaum

Irgendwo hinter dem Hochhaus, ich wohne im siebzehnten Stock, wird tagüber ein großer kahler Baum stehen. Früh siebenuhrdreißig fliegen die Blätter an meinem Fenster vorüber, fallen und steigen in der Strömung zwischen den Häusern. Sie ähneln dem Laub des Ahorns oder dem der Platanen, aber ihre Flügel laden mehr aus, die Ränder sind aufgewölbt, die Farbe schwarz. Wenn das Heizwerk die ersten verschluckt hat, dauert es noch eine Stunde, bis der Himmel leer ist. Nachmittags fliegen sie zurück an den Baum. Federleichtes verkohltes Seidenpapier. Ein Bogen Dunkelheit setzt sich zusammen, Blattrand an Blattrand.

Allerleirauh

Aber am schönsten : mit dir
Oder ohne dich
Über die Boulevards laufen nichts im Gepäck
Als Rosinenbrot, Wein und Tabak
Die Leute der Länder festhalten
Im Auge und später
Sprechen davon, den Himmel beschreiben den Schnee
Du kommst mit dem Westwind und ich
Aus dem Norden, wir tragen
Das alles zusammen, die winzigen Pferde
Die senkrechten Palmen, die Sterne, Kaffeemaschinen
Nachmittags halb nach vier, wenn die Glocke
Im Käfig schaukelt und schreit

Trennung

Wenn ich in einem Haus bin, das keine Tür hat
Geh ich aus dem Fenster.
Mauern, Mauern und nichts als Gardinen
Wo bin ich denn, daß

Der Rest des Fadens

Drachensteigen. Spiel
Für große Ebnen ohne Baum und Wasser. Im offenen Himmel
Steigt auf
Der Stern aus Papier, unhaltbar
Ins Licht gerissen, höher, aus allen Augen
Und weiter, weiter

Uns gehört des Rest des Fadens, und daß wir dich kannten.

The Last of November

Erst in die Wechselstuben am Zoo, die letzten
Silbernen Pferdchen aus allen Manteltaschen.
Umtausch – ein toller Kurs, es blieb noch was übrig.
Der Wind der Wind, unheimliches Kind
Blies uns im schönen Kabriolett
Hin an den Reichstag.
Schneebeeren rieselten, kleines Getier
Raschelte an dem furchtbaren Ort.
Das ist die Mauer. Stellenweis grüner Kalk.
Türmchen und Aussichtspodeste hüben und drüben.
Alles registrieren sagt er, wie Hemingway
Auf dem Rückzug in Spanien das stinkende Pferd.
Wir fuhren und flogen
Dreimal um den frischvergoldeten Engel, trafen
Unsere toten Dichter in ihren Wagen (die flogen
Schneller und schöner als wir)

Der Dichter M. im Grunewald

Da sah ihn das Wildschwein an, der Eber. Das
Waren nicht die französischen Wälder, M. stand
In Deutschland zwischen Farnkraut und Wind.
Ein Habicht schrie hell, die kleineren Vögel
Zischelten, und das herrliche Schwein
Ging beeindruckt vondannen, behielt
Im Gedächtnis den freundlichen, den mit dem Stöckchen.
M. hat das Wildschwein sein Sternbild die Schlüssel
Den Pass sein Portefeuille das Gedächtnis verloren, er ist
Ein großartiger Schatten in blaugrauen Sträuchern, wir
Sehen ihn nicht wieder

Unsere Bäume

Finsteres Auge verwünschender Mund
Augenweide ich kenne mich nicht nur durch dich
Meine Augen niemals gesehn aber deine
Und die Farbe des Himmels
Wenn wir an der oder jener Ecke uns trennen
Ein Baum macht den Abschied leicht die Blätter
Gehn zugrunde und seine Wurzeln
Die Rinde bricht ab der Mauersegler
Kalt aufgewachsen fliegt durch die Bäume
Wir gehören ins Laub.

Änglisches Lied

Ich habe mich wieder für Ihre Armee eintragen lassen, Herzog.
Ich bin bereit Ihrem Befehl zu gehorchen und die Kastanien
Hol ich mit beiden Händen jederzeit ausm Feuer.
Sie führen mich an den oder jenen Ort, schlimmstenfalls
An den Galgen. Wenn es mit mir vorbei ist, wird man Ihnen
Mein Herz auf den Tisch legen in einem Fetzen Seide, so
Will ichs.

Die Büchse der Pandora

Zu bestimmten Zeiten, das könnten die Zwölf Haydnischen Nächte sein, haben unsere Männer, von denen wir im Krach geschieden sind, gewisse Macht über uns. Das dürfen sie nie erfahren. Die möglichen glücklichen Konstellationen werden ihnen verborgen sein, weil sie dergleichen nie zu hoffen wagen und wir ihnen auch in sieben greifbaren Jahren merkwürdig fremd geblieben sind. Die Schrift hier wird ihr übriges tun. Sie an Tagen sicher machen, wo bei uns nichts zu holen ist. Sie werden immer zur falschen Zeit zum Telefonhörer greifen, und das bewirkt, daß wir unserer letzten Liebe wieder treu sind auf Jahre.

ITALIENISCHE AMSELN

Die Wiese

Der Scirocco bewirft mich mit Ästen und Zapfen, Kröten springen mir ins Hemd. Ich sehe mich hinter olivgrünen Fenstern von Zwiebeln umgeben, ich liege auf der Gartenmauer, da hör ich sie gehen und fahren und leben. Die Wiese durchwächst mich in sieben Stunden. Ich stehe mit jedem Fuß in einem anderen Brunnen und schlage mir das Glück aus dem Kopf.

Dankbillett

Das ist ein schöner Tag. Ich setze mich in ihn hinein, die Eukalyptusblätter fliegen ab und auf, sehr lange auf, und seh ich den Baumleib nackt und weiß weiß ich was das ist ein schöner Tag. Die römischen Männer scharwenzeln vorüber, spucken hübsche Wasserstrahlen in Marmorbecken und die ganz scharfen Carabinieri – warum fällt mir das Militär immer noch ein – halten Wache mit Federhüten und rauchen; alles anders als in Preußen, selbst die Uhrzeit, und der Mond liegt quer – ach wie danke ich meinem vorletzten Staat, daß er mich hierher katapultierte.

Italienische Amseln

Es ist nicht so schlimm, wenn man Länder zwischen sich legt. Am besten Meere. Die Zeit heilt Wunden. Abends kann man die Singvögel aufziehen, italienische Amseln sind besser als ihre Verwandten aus Deutschland. Das sind schon Arien! Der Himmel ist veilchenfarben zwanziguhrdreißig, es gibt Straßen in ihn hinein, und später –: Flieder-Flatter-Fledermäuse.

Jedes Blatt

Ich sage dir was ich sehe manchmal
Jedes Blatt einzeln am Baum oder
Aufm Kies kleine Sicheln oder wie das
Weitergeht mit mir : kurze Aufenthalte
Alles wieder zusammenpacken und fort

Schrittfahren

Wir überholen Schafe auf einer Brücke. Zuerst umgeben uns die hinkenden Tiere und die müden und die lange pissen müssen. Dann geht es munterer zu. In der Mitte die lustigen Marschierer, Sieger von Niederlagen, die in den hübschen Pelzen. Vorn die Wegmacher hinter dem Hirten, ernst. Der pfeift seinen Hunden, die uns ergeben vorüberlassen.

Die Toscana

Jeder Baum am richtigen Fleck. Man könnte sagen Felder gibts die mein Herz sind: blauer Weizen und Mohnblumen reingeworfen eins zu zwei. Kunst oder Welt fliegt davon. Den Marktplatz von Siena habe ich immer gekannt. Neben dem Brunnen stehen, Kugeln das verschiedene fischgrätige Pflaster abrollen. Glocken, Tage später träum ich den Platz. Drauf stehen, die ich liebe, nun zwei und der Dom dieses sechszehnbeinige Zebra mit den Skalpen der Päpste zuckte sein Fell.

Marmorhaus

Die Dörfer liegen mit ihren Lichtern ferne verankert.
Schwarze Chausseen rolln über die Berge vor ein festliches Haus.
Die Zypressen schwanken, Windlichter leuchten blaß auf den Kies, und es ist kein Klingelzug da, kein Schlüssel unter Hortensienblättern, kein betagter Diener der den Mantel abnimmt.
Steinverschlossene Fenster hinter elektrischen Lampen. Viel Blumen und Namen verblassende Bilder schwarzes Haar unterm Tuch. Sie sind ins Gemäuer geschoben wie Brote.
Flämmchen am Weg für Briefträger, Vagabunden.
Dort, wo das schöne Tal anfängt, zünden sich Glühwürmchen an. Ich hab ein Tuch aus Moskau das reicht für zwei.

Im Weinberg

Die Wege sind weiß und zerreißen sich in die Schlucht. Wir sind gefangen. Überall Zelte aus Ranken, handgroße Blätter. Baldachine, ab und zu eine Hütte. Die Winden schließen sich schon. Wilder Knoblauch wächst unterm Kopf. Ginsterschoten zerspringen oder ist das ein Traktor, irgendwo rauscht auch ein Fluß.

Getrennt

Er ist eine Stunde Sommerzeit entfernt. Ich kann ihn anrufen Haare waschen Blumensträuße kaufen, Eidechsen fangen Geld verlieren Brunnen auf- oder zudrehen übern Abgrund laufen lachenundweinen Telegramme schicken dem oder jenem, meinem Kind eine Strickjacke machen garnichtstun

Unglück läßt grüßen

Seit er fort ist fallen Palmen
Um gehen Bomben los, ich bin
Von Moskitos verbeult oder schneide
Mir halbe Finger ab, es kommt noch
Schnee im August

Confusione

Mir fällt alles aus der Hand, ich stürze
Über meine Füße, die vielen
Italienischen Schuhe, es stehen
Hundert Gläser herum, die Kleider
Kommen nie in den Schrank.
In den Töpfen wächst was und blüht schon und immer
Hör ich aufs Telefon aber er
Mit andrem befaßt

Morgens

Er fängt zweizentimeterlange Salamander
In einer Schublade zwei mal zwei Meter
Son großer Kerl son winziges Ding, ich fall ja
Vor Lachen um; der Drache
Beißt sich an meinem Finger fest, kleiner
Schmerz und weil du wegfährst

Villa M.

O und immer
Läuft dieser
Schimmernde Hund
Durchs wilde Gras wirft die Pfoten
Unmengen Gänseblümchen gerupfte Federn und schließlich
Die allwissenden dumpfen Zypressen

Flaute

Es regnet nicht und es schneit nicht
Weder Sonne noch Wind, alles
Wie unter Wasser. Die Häuser
Völlig verschlossen und taub.

Ruf

Steck dir dein Schweifchen an glitzernder Stern, komm
Unter mein Dach kriegst auch Bier

Kämmerchen mieten

Wenn er mir Feuer gibt muß er sich hinknien.
Wenn ich schon sitze, sich
Auf den Boden legen. Mitunter
Schlaf ich in seiner Hand

Licht

Der Sommer nimmt seinen Fortgang.
Die Zikaden sind da.
Wir sind herumgekommen und reden
Natürlich; einer in der Haut des anderen

Das schöne Tal

Die Landschaft ist groß und voller Bewegung. Über den Bergen
Wird Licht ausgegossen, schwarze Wolken
Verzehrn es und Blitze
Bespringen sich kalt kracht der Donner.

Das ist die Sintflut. Alles in einer Glocke.
Wir fließen naß im Auto zu Tal.
Die Tiere die Kröten Salamander Geccos
Flattern ins Handschuhfach. Er legt mir
Die Hand in den Schoß.

Rot

In Olevano
Fangen die Berge
Im Schlafzimmer an, die Akazien wachsen
Ein ganzer Wald aus dem Spiegel, Trauben
Hängen ins Maul. Der rote
Vorhang von roten Vögeln besetzt.
Schafe auf dem Bettvorleger. Die Fenster
Flogen mit leichtem Flügelschlag weg.

Kiesel

Ich gewöhn mich ins Glück. Der Fuhrmann
Ohne Wagen und Pferd
Steht bis zum Hals im Fluß, gibt
Frohe Befehle.

Jetzt

Ich lebe in Saus und Braus, du spazierst
In meinem Kopf den ganzen
Verrückten Sommer. Schwanzsterne ziehn
Und von denen Kometen strahln mir die Augen.

Verloren

Das Bett hat sich
Weit von der Wand entfernt, die Bewegung
Ist groß, in zwei Wochen
Steht es auf der Piazza Navona oder
Wir segeln Mund an Mund durch die Berge wenn nur
Die Leintücher fest sind

Brief

Ich bin glücklich in Italien, in diesem
Frühen Dezember. Morgens Sterne, dann
Nebel unter den grünen Bäumen. Der Steinvogel
Klirrt Kiesel aneinander mit seiner Stimme, ihr seht mich
Auf roten Fliesen und obgleich
Der Herd ein Elektroherd ist tu ich
Die einfachen Dinge von vor dreihundert Jahren.
Ich brate – ja ich habe Pompeji gesehen und zweitausend
Säulen und alle Kirchen, abgeschiedene Gärten – ich brate
Den Hasen im Topf und er kriegt
Einen Whisky am Schluß und ich auch ich hab
Das Schreibzeug aufm Küchentisch und lebe und lebe
Und lebe immer noch und mein Geliebter
Hat Locken und Kleider aus Samt und Seide und schöne
Achtfüßige Hunde, die bringen
Mir Stiefel und Feuer und Flamme, was zu rauchen und dann
Kommt er selbst

Gennaio

Boreas brüllt, zerfetzt wohl die Bäume.
Die Amseln sprechen nicht mehr.
Der Gärtner schwebt über geschnittenen Hecken, notiert
Die abgestürzten Orangen.

Wir zwischen weißen Tüchern
Knöchlein an Knöchlein.

Viele Farben

Über dem Apennino eß ich mein Ei, und während
Die Stewardess mir einen Bleistift bringt bin ich
Über den Alpen. Schwarze Seen Augen im Schnee. Rom
Rom rollende Orange, Extra-Welt. Die Bäume
Blühten dort rings in den Himmel, blau
Wehte das Gras und Menschen flogen
Von einer zur anderen Bar um Kaffee und fröhliche Küsse.
Hier ist es weiß und verschlafen wo
Sind denn die Schatten der Bäume wo
Fährt er sein kleines grünendes Auto
Über den Fluß den grauen glänzenden
Gebognen umarmenden Arm

Allerleirauh

Italienische Amseln

Die Gedichte wurden 1976 – Anfang 1979 in der DDR, Westberlin und Italien geschrieben. «Der Rest des Fadens» ist der erste Text aus Westberlin. S. K.

Satz: Kaiser und Kehl, München
Schrift: Walbaum-Antiqua. Papier: Scheufelen
Druck und Bindearbeiten: Rieder, Schrobenhausen
Printed in Germany